…Jahr 2022…
die erdverträglich leben wollen

Klimaschutzprojekt

Darius Reinehr

Ist die Reinkarnation
mathematisch beweisbar?

Formel und Kalkulationen

+ Klimaschutzkodex

Darius Reinehr, Dezember 2020

**Projekt zur mentalen Transformation
für den dringend zu optimierenden
globalen wie regionalen Naturschutz**

Der Aufsatz **Ist die Reinkarnation mathematisch beweisbar? Formel und Kalkulationen + Klimaschutzkodex** ist Teil des Bandes **Meine Aufsätze – Band II**
Passend zu diesem Jahr ist mir ein neuer Titel eingefallen:
…Jahr 2022…die erdverträglich leben wollen in Anlehnung zum deutschen Filmtitel des Science-Fiction-Kultklassikers Soylent Green …Jahr 2022…die überleben wollen

Es mag irritieren, daß dieser Band, der ein Klimaschutzprojekt vorstellt mit dem Aufruf, sich bei Gewogenheit daran zu beteiligen, einen Verkaufspreis hat, obwohl mein Motiv nicht kommerziell ist. Ich habe diese Form der Veröffentlichung gewählt wegen der Verzeichnung in der Deutschen Nationalbibliografie und der ISBN. Die Verkaufspreise von Druckwerk und E-Book sind von mir so niedrig angesetzt, daß meine Marge im Cent-Bereich liegt. Zum kostenlosen Versenden und Verteilen bevorzuge ich eine Eigendruck-Loseblattsammlung mit Klammer. Und auf meiner Internetseite biete ich den Band als PDF-Datei zum kostenlosen Download an, wie auch mein früheres schulpolitisches Projekt.

Bibliografische Information der Deutschen Nationalbibliothek:
Die Deutsche Nationalbibliothek verzeichnet diese Publikation in der Deutschen National-bibliografie; detaillierte bibliografische Daten sind im Internet über dnb.dnb.de abrufbar.

Herstellung und Verlag: BoD – Books on Demand, Norderstedt

ISBN: 978 3 7562 0675 9

Inhaltsverzeichnis

Anlass und Zweck des Projektes

Hoffnungsvoll ist der besondere Einsatz vieler, die Klimakrise abzuwenden oder abzumildern. Engagierte prominente Menschen, viele aus der Wissenschaft, erreichen mit ambitionierten Büchern und TV-Beiträgen Millionen von Menschen, die dadurch Bestätigung und Anregung erfahren, denn die meisten von ihnen leben bereits nachhaltig oder sind empfänglich dafür. Aber die Mehrheit der Bevölkerung, auf die das nicht zutrifft, läßt sich davon nicht erreichen, verschließt sich sogar den wichtigen Informationen über die Mißstände und deren möglicher Abhilfe. Und diese ist marktentscheidend durch ihr nicht nachhaltiges Konsumverhalten. Zwar entscheiden sich zunehmend mehr Menschen für eine nachhaltige Lebensweise, die teils trotz geringer finanzieller Mittel dazu bereit sind, Alternativen zum Billigkonsum zu wählen, und finden Umweltschutzbewegungen gerade bei Jüngeren Zuspruch und Zulauf, so ist die Anzahl dieser Menschen noch gering im Verhältnis zu den meisten anderen, die nach wie vor konventionell, billig und viel, nicht nachhaltig, nicht fair konsumieren, nutzen und reisen. Daß diese von selbst zur Vernunft kommen, ist eine Illusion, und auch wenn nicht, bleibt kaum noch Zeit, darauf zu warten.

Es wäre an der Regierung, die Nachhaltigkeit der Lebens- und Wirtschaftsbereiche per Gesetz konsequent zu erhöhen, aber das findet nicht oder nur schleppend statt. Es ist kein rühmliches Zeugnis für die Bundesregierung, wegen der Nichteinhaltung der Nachhaltigkeitsziele vom Bundesrechnungshof gerügt und vom Bundesverfassungsgericht dazu angehalten zu werden. Die Fixierung auf die oder zutreffender, durch die profitgetriebene Wirtschaft ist zu stark.

Auch wenn jetzt Discounter guten Eindruck zu machen versuchen mit Eigenmaßnahmen zu mehr Tierwohl, aber die Tierqualvarianten trotzdem fortbestehen lassen.

Sind Religionen hilfreich? Eher kaum, auch wenn Franziskus mit seiner Grünen Enzyklika, die er als erster Papst an alle Menschen guten Willens richtete, eindringlich und fundiert zu mehr Naturschutz aufgerufen hat. Die Mehrheit der Christenheit konsumiert konventionell, nicht nachhaltig und beim muslimischen Teil der Gesellschaft fast dessen Gesamtheit.

Ist wissenschaftlicher Journalismus hilfreich? Auch dieser erreicht meist nur diejenigen, die schon nachhaltig leben, hat also eher bestätigende, allenfalls anregende Wirkung.

Wie ist die Mehrheit der Bevölkerung zu einer eigenverantwortlichen nachhaltigen Lebensweise zu bewegen, wenn nicht von der Regierung, der Wirtschaft, den Religionen oder durch ambitionierte wissenschaftliche wie populärwissenschaftliche mediale Informationsbeiträge?

Vielleicht aber ist es nicht nötig, die Menschen zu bewegen?

Es gibt viele Modelle, teils in der Testphase, die Folgen der Mißstände zu kompensieren. Demnach ließe sich das Problem der zunehmenden Weltbevölkerung lösen, indem vieles ins Vertikale verlegt würde – ausschließliches Wohnen in Wohnhochhäusern, außenbepflanzt zur Luftfilterung, Nutztierhaltung in Stallhochhäusern, auf den Dächern Ackerbau, die Einkaufszentren unterirdisch. Ein erstrebenswertes Zukunftsszenario ist das nicht.

Auch die Automobilindustrie auf Elektro umzustellen, ist nicht die Lösung, da die Fahrzeugherstellung umweltschädlich bleibt, der Feinstaub durch Reifenabrieb unabhängig von der Motorenenergiequelle entsteht und das Autobahnnetz in seiner irrationalen Ausdehnung tierfeindlich ist. Notwendig wäre eine massive Reduzierung der Produktion, auch wenn das eine Konsequenz wäre und keine Lösung.

Die meisten Lösungsansätze zielen nur auf die Symptome der Mißstände ab, nicht auf deren Ursache. Und diese liegt in der Gesinnung der Menschen, zumindest der Mehrheit von ihnen.

Wie also läßt sich die Gesinnung der Menschen beeinflussen zu nachhaltiger Lebensweise?

Die Antwort ist: **Durch ein neues Weltbild.**

Die Klimakrise ist die massivste Bedrohung für die Menschheit aller Zeiten; sie ist epochal und könnte sogar final werden. Nur noch durch etwas, das genauso epochal ist, kann darauf wirksam reagiert werden. Ein epochales Weltbild, das weder ideologisch noch religiös ist und alle Menschen erreicht und machtvoll ihre Gesinnung anhebt, also die wahre Ursache behebt.

Zum Vergleich:
Die bereits im Hellenismus geklärte wissenschaftliche Frage nach der Form der Erde wurde in der Spätantike durch das von der Frohen Botschaft Jesu damals schon extrem abgewichene Christentum religiös widerlegt mit etwa folgender Argumentation:
Die Erde kann keine Kugel sein, weil die Menschen, die an den Seiten leben, herunterrutschen und die, die an der Unterseite leben, herabfallen würden. Die Erde ist flach – der Boden einer Truhe, das Firmament ist der Deckel, und wenn der sich öffnet, dann kommt Jesus.
Diese `Glaubenserkenntnis´ konnte erst abgeschafft werden durch ein neues eigentlich altes Weltbild, als dieses durch die ersten Weltumseglungen bestätigt wurde.
    Dabei hatte schon der ptolemäische Universalgelehrte Eratosthenes den Erdumfang durch Vergleiche des Schattenwurfes bei Sonnenhöchststand an verschiedenen Orten fast exakt berechnet und damit die Kugelförmigkeit der Erde mathematisch bewiesen.

Die Frage nach der Form der Erde ist also keine religiöse, und die Frage, ob Reinkarnation real ist, die bereits in der griechischen Antike von den bedeutendsten Philosophen bejaht wurde, sollte es genausowenig bleiben, denn auch sie ist mathematisch beweisbar durch die Methode der Modallogik und durch spezielle Kalkulationen.

Spätestens dann, wenn im Boule´vard-Bereich der Medien umgeht: Reinkarnation ist wahr, es gibt keinen Zweifel mehr, werden vielleicht auch diejenigen eher nachdenklich, die gerade ihr Steak aus Massentierhaltung auf dem High-Tech-Grill wenden, und hoffentlich zu dem Schluß kommen, daß, wenn sie der Erde schaden, sie sich selbst ihre zukünftigen Lebensbedingungen, die sie bei ihrer Reinkarnation vorfinden werden, mit ruinieren. Die Panik, die sie packt, wenn es nicht mehr `nur´ um von ihnen für abstrakt gehaltene Folgegenerationen und weit entfernt lebende Eisbären geht, sondern um ihre eigene Existenz, kann sich als höchst wirksam erweisen, um sie zu einer nachhaltigen Lebensweise zu bewegen.

Vorwortergänzung
Juli 2021

Vorwort 1

Meine Idee ist, ein ethisch fundiertes, logikbasiertes Vorstellungsmodell der Reinkarnation als Wissen zu etablieren. Etwaige Bedenken mögen sein, daß dies weltfremd-fantasierend oder religiös-eifernd sei. Weder noch, versichere ich. Meine Ausführungen sind geistes- und naturwissenschaftlich. Zweck ist, ein eigenverantwortlich-naturverträgliches gesellschaftsmehrheitliches Bewußtsein herbeizuführen. Ich befürworte umweltfreundliche Innovationen und Konzepte; allerdings ist dies Symptomlinderung. Krisenursache ist die Gesinnung der Menschen. Durch ein wissenschaftlich und gesellschaftlich anerkanntes vernünftiges Reinkarnationsvorstellungsmodell würden die Menschen freiwillig umweltverträglicher leben, schon aus dem egoistischen Kalkül, im nächsten Leben nicht in einer mitverschuldeten Klimahölle zu landen. Verantwortungsbewußtsein für die Natur und für folgende Generationen wäre die bessere Motivation. Allerdings ist Nachhaltigkeit aus Kalkül besser als keine. Und Verantwortungsbewußtsein entsteht dann allmählich vielleicht auch so.

„Gibt es ein Leben nach dem Tod?" ist zweifelsfrei die wichtigste tabuisierte Frage im westlichen Kulturkreis. Deren Beantwortung wurde bisher der Religion überlassen und als Glaubensangelegenheit eingestuft; eine wissenschaftlich fundierte wahre Beantwortung sei nicht möglich, ist die mehrheitliche Meinung. Eine der nachteiligen Folgen ist, daß viele Menschen Angst vor dem Tod haben und deshalb Gedanken zu diesem Thema verdrängen. Sogar DIE ZEIT stellt in ihrer wöchentlichen Interview-Rubrik `Der politische Fragebogen´ die stets gleiche vorletzte Frage: „Wovor haben Sie am meisten Angst, außer dem Tod?" – Ein Ärgernis, dieser Fragezusatz. Als ob es natürlich oder selbstverständlich sei, den Tod fürchten zu müssen. Was wird denn da der Leserschaft suggeriert?

Es ist nun an der Zeit, die Frage wissenschaftlich zu beantworten. Dazu habe ich eine Formel und zwei Kalkulationen erstellt, die erforderlichenfalls von einem geeigneten Universitätscomputer auf Logik überprüft werden können, um das richtige Ergebnis zu bestätigen, so wie schon die bestätigte ähnliche Formel mit dem Gottesbeweis des Mathematikers Kurt Gödel. Dann gibt es kein Wenn und Aber mehr. Dann ist es Aufgabe von engagierten Menschen aus Wissenschaft, Journalismus und Prominenz, das Ergebnis der Öffentlichkeit zu präsentieren. Für eine bessere Welt soll die Reinkarnation als wahre Gesetzmäßigkeit bestätigt werden, um die vielleicht wichtigste mentale Transformation für den Klimaschutz einzuleiten. Alle, die dabei mithelfen wollen, sind herzlich dazu eingeladen oder besser, dringend darum gebeten.

Vorwort 2

Dies ist ein Aufruf, die Reinkarnation mit ihrer auf ethischen und logischen Prinzipien basierenden Systematik vom bloßen Glauben zu lösen und als gesichertes Wissen zu etablieren.

Wie ich im weiteren ausführe, ist die Reinkarnation schon durch reine Logik bewiesen. Auch Naturwissenschaften wie die Astrophysik beinhalten als Wissen anerkannte Theoreme, deren Grundlage Schlußfolgerungen sind – die Folgerichtigkeit des Denkens, also Logik.

Seit Jahrtausenden bestanden und bestehen in vielen Kulturen weltweit Reinkarnationsvorstellungen. Viele davon sind unterschiedlich bis konträr zueinander. Es sind solche dabei, die mit Ethik nicht vereinbar sind. Ein Beispiel ist Indien, in dessen Bevölkerung durch die irrationale Auslegung von Reinkarnationsprinzipien, wie das Kastenwesen, Disharmonie und Resignation mit beherrschend sind. Natürlich gibt es auch die buddhistische Muster-Nation Bhutan, in der Glück und Naturschutz oberste Prioritäten haben.

Klimaschutz, Naturschutz und Artenschutz, was im Prinzip dasselbe ist, sowie Verantwortungsbewußtsein für folgende Generationen sind der Zweck dieses Aufrufs, ein ethisch fundiertes und logikbasiertes Vorstellungsmodell der Reinkarnation als Wissen zu etablieren.

Dazu habe ich eine Formel und zwei Kalkulationen erstellt, mit denen die Realität der Reinkarnation mathematisch bewiesen ist, wie ich annehme. Zudem habe ich ein Lehr-System aus ethischen und logischen Reinkarnationsprinzipien aufgestellt, das großenteils auf eigenen Überlegungen basiert. Der von mir konzipierte Klimaschutzkodex ist allgemein gehalten.

RENOM´MEE

REINKARNATION IST WAHR!

Hobby-Wissenschaftler präsentiert logische Beweise auf mathematischer Grundlage. Hochleistungsrechner bestätigt seine Formel und Kalkulationen als richtig. Ungewöhnlich ist, er hat keinen akademischen Abschluß. Und seine Ergebnisse sind logisch nicht widerlegbar. Viele Wissenschaftlerinnen und Wissenschaftler halten seine Ausführungen für plausibel.

Die vielleicht wichtigste Frage der Menschheit ist beantwortet. Es ist von solcher Bedeutung wie die Erkenntnis, daß die Erde kugelförmig ist und sich um die Sonne dreht. Eine neue Epoche ist eingeleitet. Was bedeutet das nun für uns? Das Erfreuliche: Es gibt keinen Grund mehr zur Angst vor dem Tod. Das vielleicht nicht ganz Angenehme: Wir kommen auf die Erde zurück, wie wir sie hinterlassen haben. Da kann einem das Schnitzel im Halse stecken bleiben, denn es geht jetzt nicht mehr `nur noch´ darum, wie wir die Erde unseren Nachkommen hinterlassen, sondern auch...uns selbst.

Vielleicht ist die wissenschaftlich bestätigte Wahrheit der Reinkarnation das wichtigste mentale Mittel für den globalen Klimaschutz.

Mehr zum Thema in Politik, Wissenschaft, Feuilleton und im Sonderteil Philosophie: `Die berühmtesten Philosophen, Dichter und Denker, von Pythagoras bis Goethe haben die Reinkarnation für wahr gehalten.´

BOULE´VARD

FUCK! ES IST WAHR! WIR REINKARNIEREN!

Jetzt sind wir die Gelackmeierten. Das ist definitiv die Arschkarte. Hobby-Wissenschaftler beweist die Reinkarnation mathematisch. Krass ist, der Typ war noch nicht mal an der Uni. Supercomputer bestätigt seine Formel und Kalkulationen. Es gibt keinen Zweifel mehr. Die Forscher sind happy, die Kirchenvertreter geschockt.

Eine megamäßige Frage der Menschheit ist beantwortet. Nach den Knaller-Meldungen: Die Erde ist keine Scheibe, sondern eine Kugel und steht nicht im Zentrum, sondern dreht sich um die Sonne, nun die nächste Sensation: Reinkarnation ist wahr! Ein neues Zeitalter hat angefangen. Aber was bedeutet das für uns?

Das Geile: Wir brauchen keine Angst mehr vor dem Tod zu haben. Das Uncoole: Wir kommen auf die Erde zurück, wie wir sie hinterlassen haben. Damned! Viele denken nun vielleicht: „Verdammt, jetzt muss man das Klima schützen, um nicht in der selbst angerührten Kacke zu landen. Das mit den Folge-Generationen war ja eher so abstrakt und die Eisbären weit weg, aber jetzt geht´s um die eigene Haut." Wer hat schon Lust, wiedergeboren zu werden, um dann feststellen zu müssen: „Verdammt, das ist ja so fucking damned hier auf der Erde! Warum haben diese Penner früher nicht mehr dagegen unternommen? Ups...ich war vermutlich selbst einer von denen." Klar, man kann das jetzt auch einfach ignorieren, nur ist das Risiko, dass es wahr ist, bei weitem zu hoch. Also, kneifen wir uns besser hinten rein und machen mit beim Klimaschutz!

Mathematischer Beweis
der ewigen Existenz der Seele und der Reinkarnation

Ich habe eine Formel erstellt, die 1. die Existenz der Seele, 2. die ewige Existenz der Seele und 3. die Reinkarnation der Seele beweist. Diese Formel habe ich in der Sprache der Modallogik verfaßt.

Inspiriert dazu hat mich der als ebensolche Formel verfaßte Gottesbeweis des legendären österreichischen Mathematikers Kurt Gödel.

Der zur Zeit des Dritten Reiches aus Wien in die Universitätsstadt Princeton in den USA geflüchtete Gödel war ein Freund Albert Einsteins und hat in Wissenschaftskreisen einen ähnlichen Status wie dieser.

Seine Formel, die er 1941 aufgestellt und in den folgenden Jahrzehnten weiter ausgearbeitet hatte, hielt er bis kurz vor seinem Tode 1970 geheim, um nicht mißverstanden zu werden; denn sein Anliegen war nicht, die Existenz Gottes zu beweisen, sondern die Stärken und Schwächen der axiomatischen Methode aufzuzeigen, und dafür hatte er die vornehme Frage gewählt: Existiert Gott?

Der Computerwissenschaftler Christoph Benzmüller von der Freien Universität Berlin hat Gödels Formel von einem Computer überprüfen lassen, welcher deren Richtigkeit bestätigt hat. Gemeinsam mit seinem Wiener Kollegen Bruno Woltzenlogel-Paleo verkündete er das Resultat im wissenschaftlichen Bereich des Internet.

Am 9. September 2013 wurde auf SPIEGEL ONLINE darüber berichtet:
>Formel von Kurt Gödel – Mathematiker bestätigen Gottesbeweis...Die Existenz Gottes kann fortan als gesichertes logisches Theorem gelten.<
Etwa ein Jahr später folgten Berichte auf ZEIT ONLINE und Internetausgaben anderer Zeitungen.

Anmerkung zur Formel

In der Mathematik sind Formeln nicht nur mit Zahlen und Zeichen erstellbar, sondern auch ausschließlich mit Text.

Voraussetzung für die Richtigkeit einer solchen Formel sind die Axiome. Wenn als Axiom zum Beispiel >Wombats sind Nagetiere.< angegeben wäre, hätte das ein falsches Ergebnis der Formel zur Folge. Die Axiome müssen also richtig sein; um bei dem Beispiel zu bleiben >Wombats sind Beuteltiere.<

Die Theoreme sind auf den Axiomen und auf den bisherigen Theoremen in der Reihenfolge der Formel aufbauende Schlußfolgerungen durch Anwendung von Logik.

Die Definitionen dienen dem leichteren Verständnis und sind für das Ergebnis unerheblich.

Δ
Beweis
der ewigen
Existenz der Seele
und der Reinkarnation

Formel

I. Existenz der Seele

Axiom 1:	Der Mensch ist lebendig.
Axiom 2:	Lebendigkeit ist vergleichbar mit Energie.
Definition 1:	Der Mensch hat einen Körper; um diesen nutzen zu können, ist Energie erforderlich. Damit ist keine zugeführte Energie in Form von Licht, Luft, Wasser und Nahrung gemeint, die für den Erhalt des Körpers erforderlich ist, sondern im Menschen enthaltene Energie, weshalb er lebendig ist.
Axiom 3:	Energie ist unkörperlich.
Theorem 1:	Lebendigkeit ist unkörperlich.
Theorem 2:	Lebendigkeit ist Aktivität aus sich selbst.
Axiom 4:	Eine weitere Bezeichnung für Lebendigkeit ist Beseeltheit.
Definition 2:	Gleichzeitig ist die Seele ursächlich für die Lebendigkeit.
Theorem 3:	**Die Seele existiert.**

II. Ewige Existenz der Seele

Axiom 5:	Energieerhaltungsgesetz: Energie läßt sich weder erschaffen noch vernichten, sondern nur von einer Art in eine andere umwandeln.
Definition 3:	Energie besteht unendlich.
Theorem 4:	**Die Seele existiert ewig.**

III. Reinkarnation der Seele

Axiom 6:	Leben ist Entwicklung.
Definition 4:	Die Natur ist der Beweis.
Axiom 7:	Entwicklung ist aufwärtsgerichtet – verbesserungsbezogen.
Theorem 5:	Leben = Lebendigkeit = Energie = Seele = Entwicklung – daraus folgt: Entwicklung ist dauerhaft.
Theorem 6:	Die Entwicklung der Seele ist über den Tod des Körpers hinaus dauerhaft.
Axiom 8:	Talente sind dem Optimum der Entwicklung nahe oder gleich.
Theorem 7:	Kinder mit Talenten haben den dafür erforderlichen Entwicklungsprozeß im vorigen Leben vollzogen.
Theorem 8:	**Die Seele reinkarniert.**

∑ Kalkulation der Wahrscheinlichkeit
von Reinkarnation
am Beispiel Talente

<u>Frage:</u>	<u>Wieso haben manche Kinder Talente?</u>
<u>Antwort:</u>	Durch Optimierung der betreffenden Fähigkeiten im vorigen Leben.
These:	Kinder, die künstlerisch und/oder wissenschaftlich in höchstem Maße talentiert sind, können den dafür erforderlichen Entwicklungs- und Lernprozeß nur im vorigen Leben vollzogen haben.

<u>Gegenargument:</u>	Talente werden weitergegeben durch Genetik und Vererbung.
Widerlegung:	Großelternteile oder Elternteile müßten demnach Talente vererben. Dazu müßten sie diese aber selbst haben, was oft nicht der Fall ist.

<u>Gegenargument:</u>	Talente bilden sich aufgrund von außergewöhnlicher Gehirnfunktion.
Widerlegung:	Zwar ist es richtig, daß dies ein rasches Lernen impliziert, jedoch ist damit nicht begründet, daß Wissen bei talentierten Kindern bereits angelegt ist, beziehungsweise angelegt sein muß.

<u>Gegenargument:</u>	Talente entstehen durch Umwelteinflüsse.
Widerlegung:	Dies käme einer Mutation gleich, jedoch gab es schon zu früheren Zeiten ohne Umweltbeeinflussungen talentierte Kinder.

<u>Gegenargument:</u>	Gott erschafft die Menschen und vergibt die Talente.
Widerlegung:	Demnach wäre Gott willkürlich und ungerecht, wenn er manche Menschen bevorzugen und die meisten benachteiligen würde.

<u>Gegenargument:</u>	Alles geschieht zufällig.
Widerlegung:	Es gibt keinen wahllosen Zufall. Alles basiert auf Ursache und Wirkung. Dies ist sowohl physikalische als auch geistige Gesetzmäßigkeit.

Fazit:	Sämtliche Gegenargumente sind unlogisch. **Reinkarnation ist die einzig logische Begründung.**

∑ Kalkulation der Wahrscheinlichkeit
von 6 Vorstellungsmodellen
zur Existenz der Seele

Vorstellungsmodelle zur Existenz der Seele

1. Entstehung der Seele mit einmaligem Erdenleben und Vergängnis
2. Bisherige unendliche Existenz der Seele mit einmaligem Erdenleben und Vergängnis
3. Entstehung der Seele mit einmaligem Erdenleben und weiterer unendlicher Existenz
4. Ewige Existenz der Seele mit einmaligem Erdenleben
5. Ewige Existenz der Seele mit mehrmaligen Erdenleben
6. Ewige Existenz der Seele mit unendlichen Leben in verschiedenen Welten (speziell buddhistische Lehre) beziehungsweise Kreislauf, dessen Verlassen ins Nirwana führt

1.   > – <

2. ………………..– <

3.   > –………………....

4. ………………..–………………..

5. ……………–..–..–..– (…)……….

6. ..–..–..–..–..–..–..–..–..–..–..–..

Symbolik:
……….. = ewige Existenz der Seele
    –   = Erdenleben
    >   = Entstehung
    <   = Vergängnis

Wahrscheinlichkeitskalkulation

1. Das Leben entsteht aus dem Nichts, läuft ab und endet im Nichts.
Unlogisch. Das Nichts ist, wenn es denn real ist, ein vollendeter Zustand, denn es kann keinen Entwicklungsprozeß durchlaufen, es gibt keine Steigerung von Nichts. Wie also sollte das Nichts als vollendeter Zustand etwas Unvollkommenes wie das Leben, wenn auch nur temporär, in sich enthalten können oder sich davon unterbrechen lassen?

2. Das Leben entsteht aus bisheriger unendlicher Existenz und endet dann im Nichts.
Unlogisch. Existenz kann nicht unendlich in die Vergangenheit zurückreichen und dann zu einem zukünftigen Zeitpunkt enden. Unendlichkeit kann nur in beide Zeitrichtungen zugleich reichen, wie es mit dem Zahlenstrahl in der Mathematik logisch bewiesen ist.

13

3. Das Leben wird erschaffen und besteht nach einmaligem Erdendasein unendlich fort.

Unlogisch. Die Seele als Energieform kann gemäß dem Energieerhaltungsgesetz weder erschaffen noch vernichtet werden. Folgerichtig ist nur die ewige Existenz in beiden Zeitrichtungen. Zum einmaligen Erdendasein: Erklärung unter 4.

4. Die Seele existiert ewig und zwischendurch einmal als Mensch auf der Erde.

Unlogisch. Die Seele durchläuft einen komplexen Entwicklungsprozeß, für den ein einziges Erdenleben nicht annähernd ausreichend wäre. Die Entwicklung würde abgebrochen und wäre damit von vornherein sinnlos.

5. Die Seele existiert ewig und inkarniert mehrmals als Mensch auf der Erde.

Logisch. Diese Erklärung beinhaltet sowohl die ewige Existenz der Seele als Energieform, als auch ihren Entwicklungsprozeß, für den mehrmalige Erdenleben erforderlich sind. Offengelassen ist der Zustand der Seele vor und nach sämtlichen irdischen Inkarnationen, und ob sich ein Enwicklungsprozeß in weiterer Form anschließt und ob dieser ewig weiter andauert oder ob die vollkommene Seele einen gleichen Zustand ewigen Seins erreicht, so wie vor den irdischen Inkarnationen, nur im Unterschied dazu auf höherem Niveau.

6. Die Seele existiert ewig und inkarniert unendlich oft in als real angenommenen Welten, ähnlich der Erde, und auf dieser. Nur wenn sie die Vollkommenheit erlangt, erreicht sie einen Zustand gleichbleibenden Seins jenseits der Welten.

Logisch-fiktiv. Diese Erklärung erweitert die vorherige um die Hypothese, auch auf anderen Planeten im Universum, auf denen intelligentes Leben vorkommt, zu inkarnieren.

Reinkarnationsprinzipien, die ethisch und logisch sind

- Die Seele durchläuft Entwicklungsetappen, um sich in Gutartigkeit zu vervollkommnen.

- Weil die Seele immateriell ist, sind dazu Inkarnationen in der stofflichen Welt erforderlich.

- Für die Entwicklung sind das Erfahren beziehungsweise das Erkennen von Gegensätzen erforderlich, was in der stofflichen Welt vermittelbar ist. Erkenntnis ist dabei der sicherere Weg als Erfahrung.

- Die Erde fungiert quasi als Schuleinrichtung, mit der natürlich pfleglich umzugehen ist.

- Die Inkarnationen sind mit dem Schulsystem vergleichbar. Die nächste Inkarnation erfolgt dabei entweder als Versetzung in die nächsthöhere Klasse oder als Wiederholung der vorigen. Denn nur bei absolviertem Lernpensum ist ein Weiterkommen möglich.

Das Lernpensum besteht in:

- Aneignung der Tugenden bis zur Tugendhaftigkeit
  Die wichtigsten dabei sind: Wahrhaftigkeit, Treue, Gerechtigkeit, Tapferkeit, Besonnenheit und Maßhaltigkeit.

- Aufhebung der gesellschaftlich indoktrinierten geschlechterspezifischen Gegensätze in Wesen und Verhalten

- Ganzheitlichkeit und Erkenntnis durch Philosophie
  Das setzt kein Universitätsstudium voraus, sondern Begeisterung und Faszination, gemäß dem bescheidenen Wortsinn von Philosophie – Freund der Weisheit – anstatt Weisheit als `gepachtetem´ Expertentum.

Daß dafür ein einziges Leben als Mensch nicht annähernd ausreicht, erklärt sich von selbst.

Ein Beispiel:
Das Pensum für einen Menschen in einem Leben kann in der Aneignung einer Tugend bestehen. Erfüllt er es, kommt er weiter und eignet sich noch im selben oder im nächsten Leben eine neue Tugend an. Macht er jedoch keinerlei Anstalten zu lernen und verkennt oder ignoriert Zeichen oder Nachhilfeangebote, die er bekommt, bleibt er sitzen und wiederholt das Pensum so lange, bis es absolviert ist.

- Ein wichtiger Bestandteil dieser Systematik sind Zeichen, die es zu erkennen gilt. Sie sind Richtungshinweis, Hilfe oder Bestätigung.

- Die Geschlechterrollen können bei den Inkarnationen wechseln. Es ist auch möglich, mehrmals hintereinander in dem gleichen Geschlecht zu inkarnieren, je nachdem, wie es die zu lernenden Lebenslektionen erfordern. Das wahre Wesen der Seele ist androgyn. Sobald es der Seele gelungen ist, die illusorischen Geschlechtergegensätze in ihrem Wesen zu vereinen, ist es gleich, in welchem Geschlecht sie inkarniert. Dieses Ziel ist schon vor der Vollkommenheit erreichbar, also eine weitere Voraussetzung dafür.

- Eine Seele inkarniert meist, ob bevorzugt oder gedrängtermaßen, in ihrer vorigen Familie oder ihrem Beziehungsumfeld. Der Grund dafür ist Liebe beziehungsweise die Harmonisierung von bisher suboptimalem Verhältnis zueinander. Dabei ist es möglich, daß eine Seele nach dem leiblichen Tod als ihr eigenes Enkelkind, daß folglich erst darauf geboren wird, oder auch Urenkelkind inkarniert, oder daß aus einem Beziehungspaar ein Geschwisterpaar wird oder umgekehrt; viele Konstellationen sind möglich.

- Auf der Entwicklungsstufe, die eine Seele während einer Inkarnation erreicht, setzt sie in der nächsten an. Verbesserungen in den Wesenseigenschaften und Steigerung der Fähigkeiten bleiben erhalten. Alles, das die Seele dazugelernt hat, behält sie in den nächsten Leben bei. So sind Talente erklärt. Es sind perfektionierte Fähigkeiten aus dem oder den vorigen Leben. Grund dafür, daß der Mensch sich in der Regel nicht an sein voriges Leben erinnern kann, ist die Vermeidung von zu vielen Erinnerungen. Denn könnte der Mensch sich an sein voriges Leben erinnern, könnte er sich auch an sämtliche Leben zuvor erinnern. Das würde seine Konzentration auf das gegenwärtige Leben mindern oder beeinträchtigen, wenn er nicht schon einen höheren Reifegrad erlangt hat. Nur zwischen den Leben hat er die volle Bewußtheit. Natürlich ist es dem Menschen aufgrund von Hinweisen möglich zu ahnen, wer er im vorigen Leben war. Das ist allerdings eher selten.

- Zwischen den Inkarnationen gelangt die Seele auf jene metaphysische Schwingungsebene, zu der ihre Schwingungsfrequenz äquivalent ist. Vielleicht ist es für die Seele nicht zwingend, erneut zu inkarnieren, allerdings ist es ihr, einer vorstellbaren physikalischen Gesetzmäßigkeit der als wahrscheinlich anzunehmenden fünften Dimension zufolge, ohne die fortgesetzte Entwicklung und die Verfeinerung ihrer Schwingungsfrequenz nicht möglich, eine höhere feinere Schwingungsebene zu erreichen. Die Seele hätte demzufolge die Wahl zwischen Stagnation in einer anderen Sphäre, in die sie schwingungsmäßig paßt, und der Weiterentwicklung durch Anstrengung und Lernen in der stofflichen Dimension, um ihre Schwingung zu verfeinern und sich zu vervollkommnen.

Zusammenhang zwischen Reinkarnation und Verantwortungsbewußtsein für die Erde

Wer verstanden hat, daß die Seele als Mensch auf der Erde inkarniert, um sich weiterzuentwickeln, wird wohl kaum noch Entscheidungen treffen, die dieser Entwicklung konträr sind. Denn die Entwicklung ist auf die Vollkommenheit gerichtet, also auf die Verinnerlichung und Verwirklichung des Guten. Damit ist kein asketisches, keusches und freudloses Eremitentum gemeint – ohne dies herabwürdigen zu wollen, denn asketische Eremiten leben zumeist in Euphorie und Naturverträglichkeit. Nur ist dieses Lebensmodell für die Mehrheit der Bevölkerung nicht erstrebenswert. Und das ist verständlich. Günstigerweise ist es auch möglich, naturverträglich zu leben und sich positiv zu entwickeln mit einer Lebensführung, die Genuß und Vergnügung sowie Feierfreudigkeit nicht ausschließt. Es geht nicht um Entbehrung, sondern um Umgestaltung, von schädlichem zu nachhaltigem Konsum, von Naturentfremdung zu Naturfreude, von hohlen Interessen und bloßer Zerstreuung zu Werte- und Sinnhaftigkeit.

Gedanken und Zitate

Die Trennung von materiellem Leben und spirituellem Sein ist in Wahrheit eine Illusion, die, seit es die Menschheit gibt, ursächlich ist für jegliche Mißstände in der Welt.

„Wer
zu den Wolken
schaut, sich an deren
Schönheit kindlich erfreut
und sich zugleich des faszinierenden
natürlichen Kreislaufs bewußt ist >>Das
Wasser der Quellen fließt durch Bäche, Flüsse
und Ströme ins Meer, steigt von dort, von Seen und
Wäldern durch Verdunstung auf, wird wieder zu flüssigem
Wasser, das die Wolken über die Flora ergießen und die
natürlichen Speicher der Quellen erneut füllt.<<
ist der Erde willkommener Gast, seinen
Mitmenschen angenehmer Genosse
und seinen Mitgeschöpfen
wohlgesonnener
Hüter.“

Darius Reinehr

Darum ist es unsere Aufgabe, darauf hinzuwirken, daß diese Illusion der Trennung ihr Ende findet und Platz macht für die Harmonie der Verbundenheit – von Erde und Mensch, Mensch und Mensch, Mensch und Mitgeschöpf, ob Tier oder Pflanze – von Geist und Materie.

„Befolget die Naturgesetze, und eure Wohlfahrt ist begründet.“

Paracelsus

„Was gut und wahr ist, gilt für alle Menschen gleich.“

Demokrit

Egal welche Personengruppe, ob politisch entscheidende, wirtschaftlich verantwortliche oder konsumierende, ob superreiche, reiche, wohlständige, arme oder extrem arme, ob religiös-fundamentalistische, religiös gemäßigte oder nihilistische – jedem Menschen ist klar, daß er ohne Sauerstoff und Wasser nicht leben kann. So wie dieses Grundverständnis soll jetzt ein **Kodex** global etabliert werden, der alle Menschen erreicht und von ihnen verstanden werden kann, zum Beispiel auch von solchen, die Agrargifte herstellen, einsetzen, dies legitimieren oder durch ihr Konsumverhalten billigen.

Der Inhalt sind **wahre Zusammenhänge**, die in ihrer Gültigkeit weder ideologisch noch religiös sind. Niemand wird benachteiligt, es ist jedoch auch keine Gleichmacherei.
Die Basis sind **Ethik und Logik**.
Die Form sind **Formel-Sätze und Sinnsprüche**.
Der Stil ist **knapp und klar verständlich**.
Der Umfang ist **so gering wie möglich**.

Ω KODEX zum Klimaschutz für die Weltgemeinschaft

Die Erde ist des Menschen Heimat.
Sie bietet ihm viel Schönes und ernährt ihn. Sie ist ihm wie eine gute Mutter.
Dafür sollte der Mensch dankbar sein und fürsorglich mit ihr umgehen.
Nun ist sie krank durch seine Fehler. Und alle sollen zu ihrer Genesung beitragen.
Dem Menschen kann es nur in einer intakten Natur dauerhaft wohlergehen.
Nur das, was naturverträglich ist, ist auch verträglich für des Menschen Wohl.

Deshalb:

Entscheide nur noch, was naturverträglich ist*, nutze deine politische Macht dafür!

Produziere nur noch, was naturverträglich ist*, verzichte dafür auf hohen Profit!

Konsumiere und nutze nur noch, was naturverträglich ist*, du findest keinen Mangel dabei vor!

* oder von dem, was es nicht ist, nur das wirklich Erforderliche

Vermehre dich nicht unmäßig, denn die geeigneten Lebensräume sind auch für die Tiere, Pflanzen und Gewässer reserviert, um *dir* Sauerstoff, sauberes Trinkwasser und naturverträgliche Nahrung zu bieten!

Sei gut zu deinen Mitmenschen und Mitgeschöpfen – achte Tiere und Pflanzen, beziehungsweise nutze diese respektvoll!

Sei dem Leben und dem Tode frohgemut eingestellt!

Sei gewiß, daß du die Konsequenzen deiner Lebensführung tragen wirst!
>Die Verantwortung fängt bei jedem einzelnen an, egal was die anderen machen.<

„Es gibt keine Passagiere auf dem Raumschiff Erde. Jeder gehört zur Besatzung.“

Marshall Mc Luhan

„Sei du selbst die Veränderung, die du dir wünschst für diese Welt!“

Mahatma Gandhi

Das Übergehen
von Wachheit in Schlaf ist einschlafen,
von Leben in Tod sterben.

Das umgekehrte Übergehen
von Schlaf in Wachheit ist aufwachen,
folglich von Tod in Leben aufleben.

Sokrates, nach Platon

Des Menschen Seele
Gleicht dem Wasser:
Vom Himmel kommt es,
Zum Himmel steigt es,
Und wieder nieder
Zur Erde muß es,
Ewig wechselnd.

Johann Wolfgang von Goethe

Die Ursache aller Dinge ist der Geist.
Er bringt einen Körper hervor,
durch den er seine Wunder vollführt.
Ist der Körper zerstört,
schafft sich der Geist einen neuen Körper,
der ähnliche oder höhere Eigenschaften hat.

Paracelsus

Warum sollte dies mein Leben
ein Anfang oder Ende sein,
da doch nichts
ein Anfang oder Ende ist.
Warum nicht einfach
eine Fortsetzung,
der unzähliges Wesensgleiche
vorangegangen ist
und unzähliges Wesensgleiche
folgen wird.

Christian Morgenstern

**Die ewige Sanduhr
des Daseins
wird immer wieder
umgedreht.**

Friedrich Nietzsche

**Der Anfang des Lebens ist die Geburt;
dieses ist aber nicht der Anfang des Lebens
der Seele, sondern des Menschen.
Das Ende des Lebens ist der Tod;
dieses aber ist nicht das Ende des Lebens
der Seele, sondern des Menschen.
Geburt, Leben und Tod sind also nur
Zustände der Seele.**

Immanuel Kant

Ich glaube nicht, daß mit dem Tod alles aus ist.
Dieser wunderbare menschliche Körper,
dieses so unendlich komplizierte System,
unsere Seele, unsere Phantasie, unsere Gedanken –
alles nur ein einmaliges kurzes Erdenleben?
Nein, das glaube ich nicht.
Kein Schöpfer wäre so verschwenderisch.
Wir verlassen die Erde, aber wir kommen wieder.

Heinz Rühmann